Impressum
Verlag: BABADADA GmbH, Nedderfeld 112 , 22529 Hamburg
Geschäftsführer / Verlagsleitung: Harald Hof
Druck: Books on Demand GmbH, In de Tarpen 42, 22848 Norderstedt

Imprint
Publisher: BABADADA GmbH, Nedderfeld 112 , 22529 Hamburg, Germany
Managing Director / Publishing direction: Harald Hof
Print: Books on Demand GmbH, In de Tarpen 42, 22848 Norderstedt, Germany

Schule
de School

Klassenzimmer
de Klassenstuuv

dividieren
delen

186/2

Tafel
de Tafel

Schulhof
de Schoolhoff

Lehrer
de Schoolmeester

Papier
dat Papeer

schreiben
schrieven

Stift
de Sticken

Schreibtisch
de Schrievdisch

Lineal
dat Lienholt

Buch
dat Book

Schüler
de Schöler

Ranzen

de Ranzel

Federmappe

de Feddermapp

Bleistift

de Bleesticken

Bleistiftanspitzer

de Scharpmaker

Radiergummi

dat Radeergummi

Zeichenblock

de Tekenblock

Zeichnung	Pinsel	Malkasten
de Teken	de Pinsel	de Malkassen

Schere	Klebstoff	Übungsheft
de Scheer	de Klever	dat Heft to'n Öven
		**2+2**
Hausaufgabe	Zahl	addieren
de Huusopgaav	de Tall	tohooptellen
5-2	**2×2**	
subtrahieren	multiplizieren	rechnen
aftrecken	malnehmen	reken
A	ABCDEFG HIJKLMN OPQRSTU VWXYZ	
Buchstabe	Alphabet	Wort
de Bookstaav	dat ABC	dat Woort

Text

de Text

lesen

lesen

Kreide

de Kried

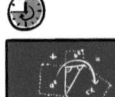

Stunde

de Stunn

Klassenbuch

dat Klassenbook

Prüfung

de Pröven

Zeugnis

dat Tüügnis

Schuluniform

de Schooluniform

Ausbildung

de Utbillen

Lexikon

dat Nakieksel

Universität

de Universität

Mikroskop

dat Mikroskop

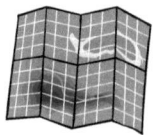

Karte

de Koort

Papierkorb

de Papeerkorf

Hotel
dat Hotel

Grand

Herberge
de Harbarg

ROOMS

Wechselstube
de Wesselstuuv

EXCHANGE

Koffer
de Kuffer

Auto
dat Auto

Sprache

de Spraak

ja / nein

jo / ne

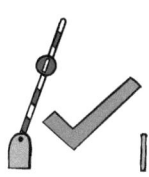

Okay

Jo

Hallo

Moin

Übersetzer

de Översetter

Danke

Dank ok

Was kostet…?

Wat kost…?

Ich verstehe nicht

Ik verstah nich

Problem

dat Problem

Guten Abend!

Goden Avend

Guten Morgen!

Moin!

Gute Nacht!

Gode Nacht!

Auf Wiedersehen

Tschüüs

Richtung

de Richt

Gepäck

de Bagaasch

Tasche

de Tasch

Rucksack

de Rüchsack

Gast

de Gast

Zimmer

de Stuuv

Schlafsack

de Slaapsack

Zelt

dat Telt

Touristeninformation

de Touristeninformatschoon

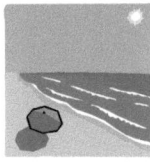

Strand

de Strand

Kreditkarte

de Kreditkoort

Frühstück

dat Fröhstück

Mittagessen

dat Meddageten

Abendessen

dat Avendeten

Fahrkarte

de Fohrkort

Fahrstuhl

de Fohrstohl

Briefmarke

de Breefmark

Grenze

de Grenz

Zoll

de Toll

Botschaft

de Bottschop

Visum

dat Visum

Pass

de Pass

Transport
de Transport

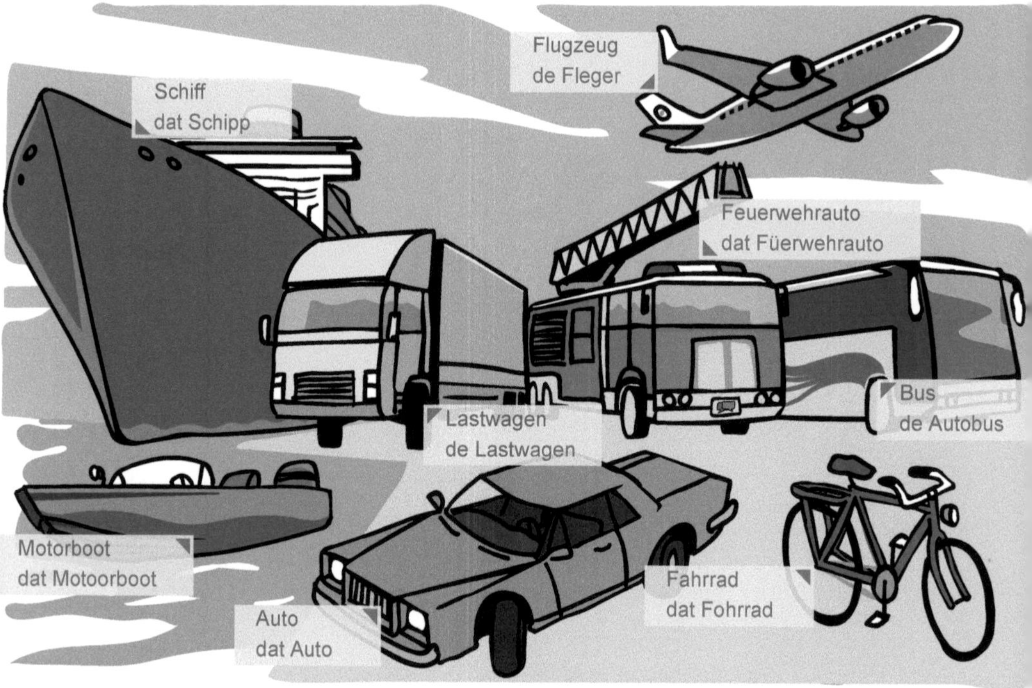
Flugzeug
de Fleger
Schiff
dat Schipp
Feuerwehrauto
dat Füerwehrauto
Bus
de Autobus
Lastwagen
de Lastwagen
Motorboot
dat Motoorboot
Fahrrad
dat Fohrrad
Auto
dat Auto

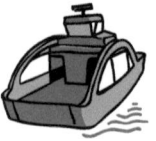

Fähre

de Fähr

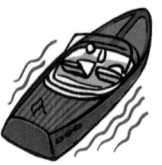

Boot

dat Boot

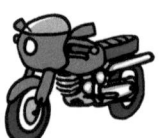

Motorrad

dat Motoorrad

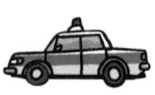

Polizeiauto

dat Polizeiauto

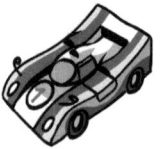

Rennauto

dat Rönnauto

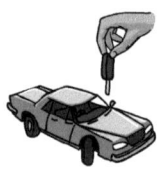

Mietwagen

de Lehnwagen

Carsharing

dat Carsharing

Abschleppwagen

de Afsleepwagen

Müllauto

dat Müllauto

Motor

de Motoor

Kraftstoff

de Kraftstoff

Tankstelle

de Tanksteed

Verkehrsschild

dat Verkehrsschild

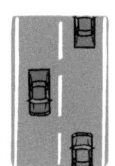

Verkehr

de Verkehr

Stau

de Stau

Parkplatz

de Afstellplatz

Bahnhof

de Bahnhoff

Schienen

de Sporen

Zug

de Tog

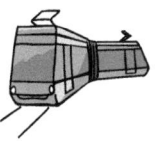

Straßenbahn

de Stratenbahn

Wagon

de Wagon

Helikopter

de Dwarsmöhl

Flughafen

de Flooghaven

Tower

de Tower

Passagier

de Fohrgast

Container

de Grootkist

Karton

de Karton

Karren

de Koor

Korb

de Korf

starten / landen

starten / lannen

Stadt
de Stadt

Dorf

dat Dörp

Stadtzentrum

de Binnenstadt

Haus

dat Huus

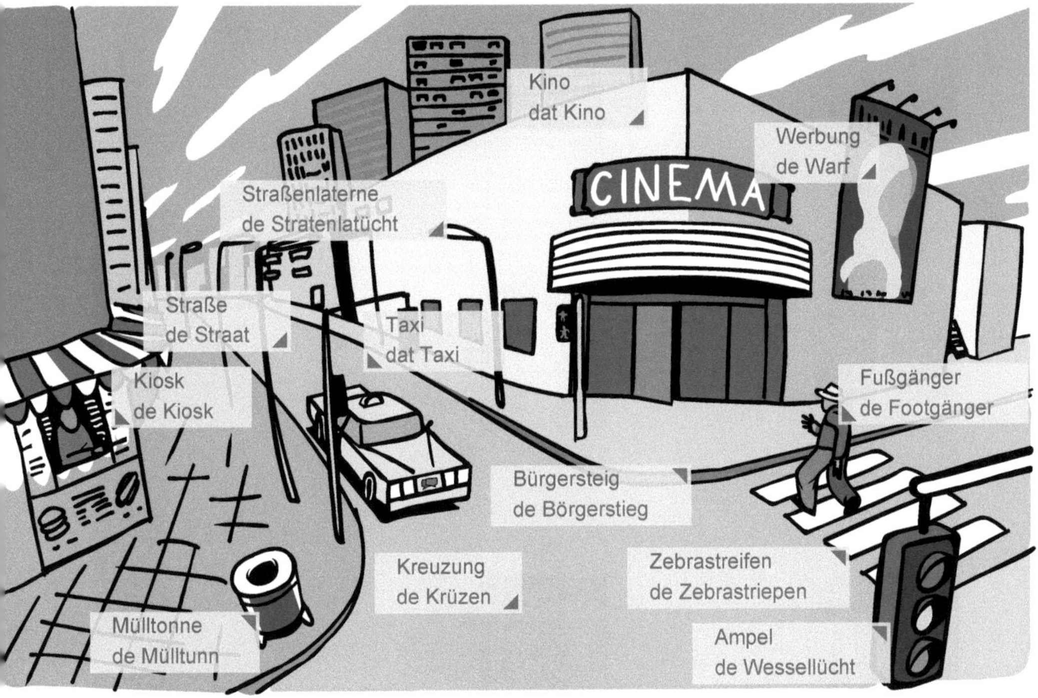

Kino
dat Kino

Werbung
de Warf

Straßenlaterne
de Stratenlatücht

CINEMA

Straße
de Straat

Taxi
dat Taxi

Kiosk
de Kiosk

Fußgänger
de Footgänger

Bürgersteig
de Börgerstieg

Kreuzung
de Krüzen

Zebrastreifen
de Zebrastriepen

Mülltonne
de Mülltunn

Ampel
de Wessellücht

Hütte
de Hütt

Wohnung
de Wahnung

Bahnhof
de Bahnhoff

Rathaus
dat Raathuus

Museum
dat Museum

Schule
de School

Universität

de Universität

Bank

de Bank

Krankenhaus

dat Krankenhuus

Hotel

dat Hotel

Apotheke

de Afteek

Büro

dat Büro

Buchhandlung

de Bookhökerie

Geschäft

de Hökerie

Blumenladen

de Blomenhökerie

Supermarkt

de Supermarkt

Markt

de Markt

Kaufhaus

dat Koophuus

Fischhändler

de Fischhökerie

Einkaufszentrum

dat Inkoopszentrum

Hafen

de Haven

Park
de Parkanlaag

Bank
de Bank

Brücke
de Brüch

Treppe
de Trepp

U-Bahn
de Ünnergrundbahn

Tunnel
de Tunnel

Bushaltestelle
de Busstoppsteed

Bar
de Bar

Restaurant
dat Spieslokal

Briefkasten
de Breefkassen

Straßenschild
dat Stratenschild

Parkuhr
de Parkklock

Zoo
de Deertenpark

Badeanstalt
de Baadanstalt

Moschee
de Moschee

Bauernhof

de Buernhoff

Umweltverschmutzung

de Ümweltversmudden

Friedhof

de Karkhoff

Kirche

de Kark

Spielplatz

de Speelplatz

Tempel

de Tempel

Landschaft

de Landschop

Blatt
dat Blatt

Wegweiser
de Wiespahl

Weg
de Weg

Wiese
de Wisch

Stein
de Steen

Baum
de Boom

Wanderer
de Wannerer

Fluss
de Fluss

Gras
dat Gras

Blume
de Bloom

Tal	Berg	See
dat Daal	de Barg	de See
	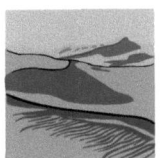	
Wald	Wüste	Vulkan
dat Holt	de Wööst	de Füerspien Barg

Schloss	Regenbogen	Pilz
dat Slott	de Regenbagen	de Poggenstohl

Palme	Moskito	Fliege
de Palm	de Steekmück	de Fleeg

Ameise	Biene	Spinne
de Miegeemk	de Imm	de Spinn

Käfer

de Sebber

Frosch

de Pogg

Eichhörnchen

de Katteker

Igel

de Swienegel

Hase

de Haas

Eule

de Uul

Vogel

de Vagel

Schwan

de Swaan

Wildschwein

dat Wildswien

Hirsch

de Hirsch

Elch

de Elk

Staudamm

de Staudamm

Windrad

dat Windrad

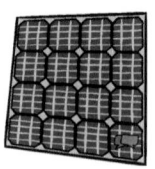

Solarmodul

dat Solarmodul

Klima

dat Klima

Restaurant
dat Spieslokal

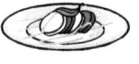

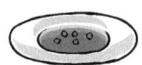

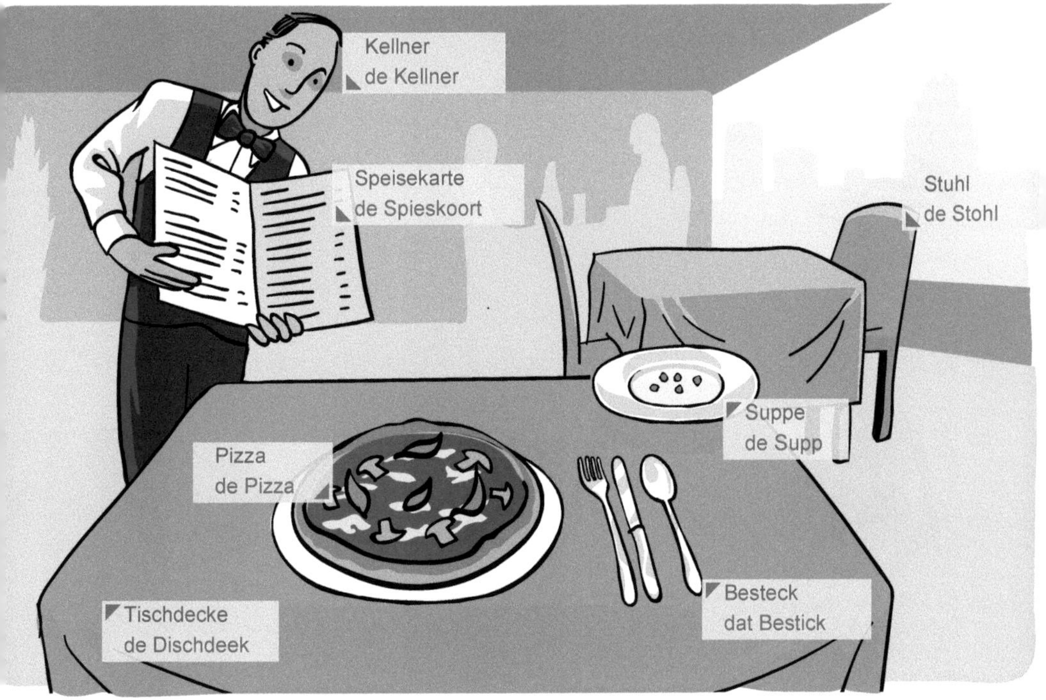
Kellner
de Kellner
Speisekarte
de Spieskoort
Stuhl
de Stohl
Suppe
de Supp
Pizza
de Pizza
Besteck
dat Bestick
Tischdecke
de Dischdeek

Vorspeise
....
de Vörspies

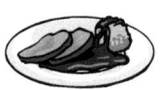

Hauptgericht
....
dat Haupteten

Nachspeise
....
de Nadisch

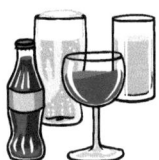

Getränke
....
de Drünk

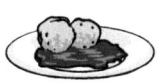

Essen
....
dat Eten

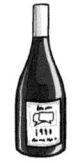

Flasche
....
de Buddel

Fastfood

dat Fastfood

Streetfood

dat Strateneten

Teekanne

de Teekann

Zuckerdose

de Zuckerdoos

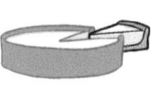

Portion

de Portschoon

Espressomaschine

de Espressomaschien

Hochstuhl

de Hoochstohl

Rechnung

de Reken

Tablett

dat Tablett

Messer

dat Mess

Gabel

de Gavel

Löffel

de Lepel

Teelöffel

de Teelepel

Serviette

dat Munddook

Glas

dat Glas

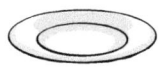		
Teller	Suppenteller	Untertasse
de Töller	de Suppentöller	de Ünnertass

Sauce	Salzstreuer	Pfeffermühle
de Sooß	de Soltstreuer	de Pepermöhl
		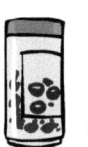
Essig	Öl	Gewürze
de Etig	dat Ööl	de Krüder

Ketchup	Senf	Mayonnaise
de Ketchup	de Mostrich	de Mayonnaise

Supermarkt

de Supermarkt

Angebot
dat Anbott
FOR
Kunde
de Kunn
Milchprodukte
de Melkprodukten
Obst
dat Aaft
Einkaufswagen
de Inkoopswagen

BUTCHERS

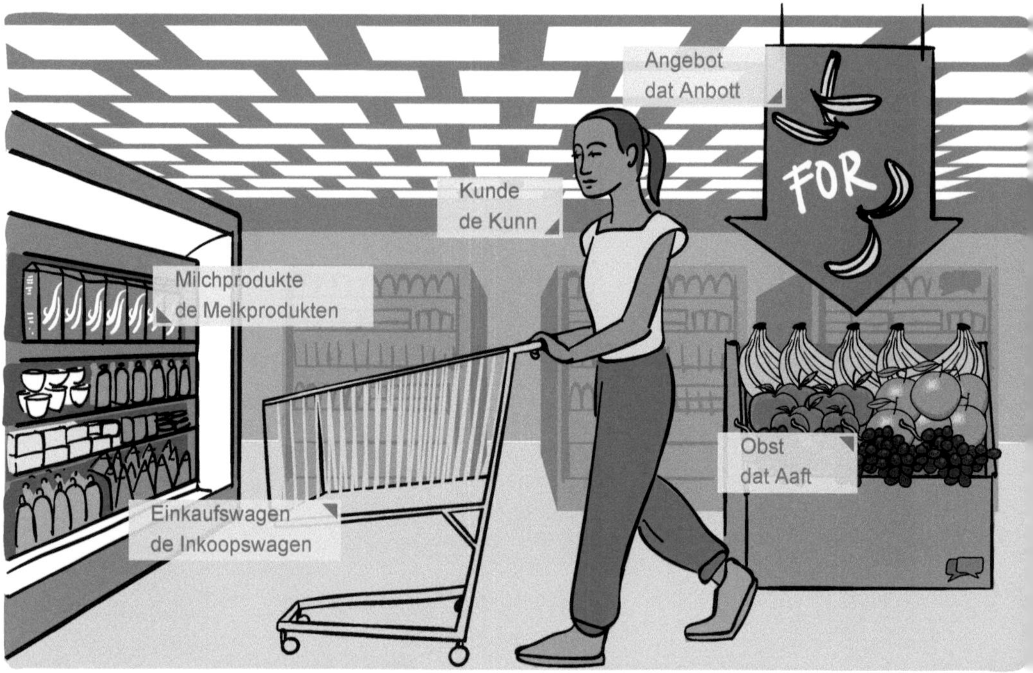

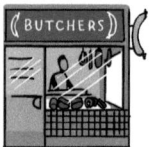

Schlachterei

de Slachterie

BAKERY

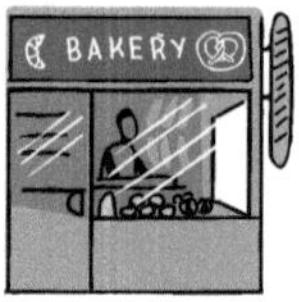

Bäckerei

de Bäckerie

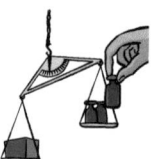

wiegen

wegen

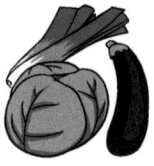

Gemüse

de Gröönsaken

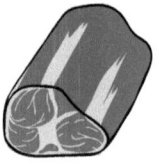

Fleisch

dat Fleesch

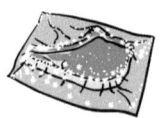

Tiefkühlkost

de Deepköhlkost

Aufschnitt	Konserven	Waschmittel
de Opsnitt	de Konserven	de Waschmiddel

Süßigkeiten	Haushaltsartikel	Reinigungsmittel
de Snoopkraam	de Huushooltssaken	de Reinmaaktüüch

Verkäuferin	Kasse	Kassierer
de Verköpersche	de Kass	de Kasserer

Einkaufsliste	Öffnungszeiten	Brieftasche
de Inkoopslist	de Opsparrtieden	de Breeftasch
		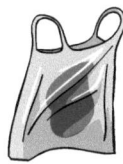
Kreditkarte	Tasche	Plastiktüte
de Kreditkoort	de Tasch	de Plastiktüüt

Wasser

dat Water

Saft

de Saft

Milch

de Melk

Cola

de Cola

Wein

de Wien

Bier

dat Beer

Alkohol

de Spriet

Kakao

de Kakao

Tee

de Tee

Kaffee

de Koffie

Espresso

de Espresso

Cappuccino

de Cappucino

Banane

de Banaan

Apfel

de Appel

Orange

de Appelsien

Melone

de Meloon

Zitrone

de Zitroon

Karotte

de Wöttel

Knoblauch

de Knuuvlook

Bambus

de Bambus

Zwiebel

de Zibbel

Pilz

de Poggenstohl

Nüsse

de Nööt

Nudeln

de Nudeln

Spaghetti

de Spaghetti

Reis

de Ries

Salat

de Salat

Pommes frites

de Pommes frites

Bratkartoffeln

de Braadkantüffeln

Pizza

de Pizza

Hamburger

de Hamborger

Sandwich

dat Sandwich

Schnitzel

dat Snitzel

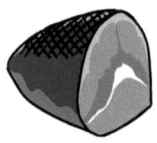

Schinken

de Schinken

Salami

de Salami

Wurst

de Wust

Huhn

dat Hohn

Braten

de Braden

Fisch

de Fisch

Haferflocken

de Haverflocken

Müsli

dat Müsli

Cornflakes

de Cornflakes

Mehl

dat Mehl

Croissant

de Croissant

Brötchen

dat Rundstück

Brot

dat Broot

Toast

dat Toast

Kekse

de Keksen

Butter

de Botter

Quark

de Quark

Kuchen

de Koken

Ei

dat Ei

Spiegelei

dat Spegelei

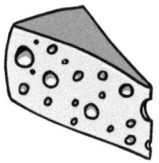

Käse

de Kees

Essen - dat Eten

Eiscreme

de Ies

Zucker

de Zucker

Honig

de Honnig

Marmelade

de Marmelaad

Nougat-Creme

de Nougat-Creme

Curry

dat Curry

Bauernhof
de Buernhoff

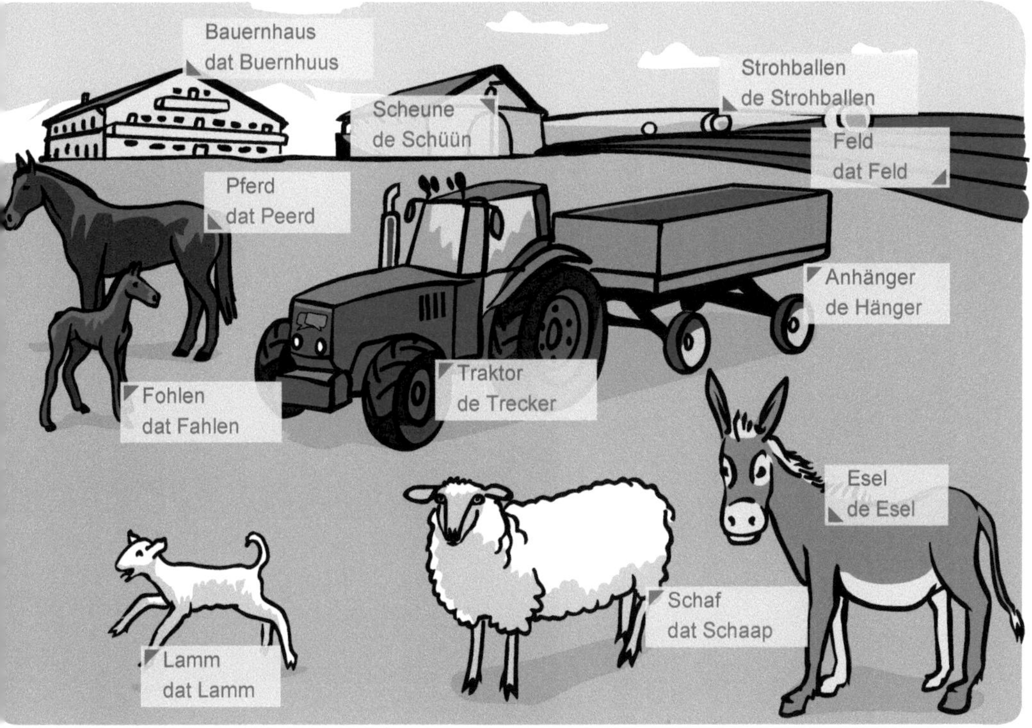

Bauernhaus
dat Buernhuus
Scheune
de Schüün
Strohballen
de Strohballen
Feld
dat Feld
Pferd
dat Peerd
Anhänger
de Hänger
Traktor
de Trecker
Fohlen
dat Fahlen
Esel
de Esel
Schaf
dat Schaap
Lamm
dat Lamm

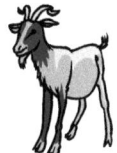

Ziege
de Zeeg

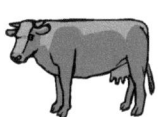

Kuh
de Koh

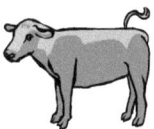

Kalb
dat Kalf

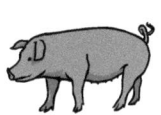

Schwein
dat Swien

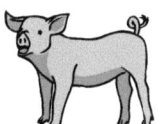

Ferkel
dat Farken

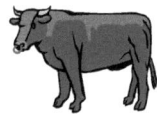

Bulle
de Bull

Gans

de Goos

Ente

de Aant

Küken

dat Küken

Huhn

dat Hohn

Hahn

de Hahn

Ratte

de Rott

Katze

de Katt

Maus

de Muus

Ochse

de Oss

Hund

de Hund

Hundehütte

de Hunnenhütt

Gartenschlauch

de Goornslauch

Gießkanne

de Geetkann

Sense

de Lee

Pflug

de Ploog

Sichel

de Sich

Hacke

de Hack

Mistgabel

de Mestfork

Axt

de Ext

Schubkarre

de Schuufkoor

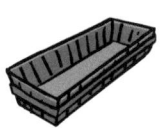

Trog

de Trog

Milchkanne

de Melkkann

Sack

de Sack

Zaun

de Tuun

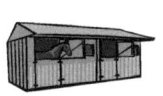

Stall

de Stall

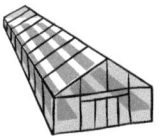

Treibhaus

dat Drievhuus

Boden

de Bodden

Saat

de Saat

Dünger

de Dünger

Mähdrescher

de Meihdöscher

ernten

oornen

Ernte

de Oorn

Yamswurzel

de Yamswöttel

Weizen

de Weten

Soja

dat Soja

Kartoffel

de Kantüffel

Mais

de Törksche Weten

Raps

de Rapp

Obstbaum

de Aaftboom

Maniok

de Troopsch Kantüffel

Getreide

dat Koorn

Haus
dat Huus

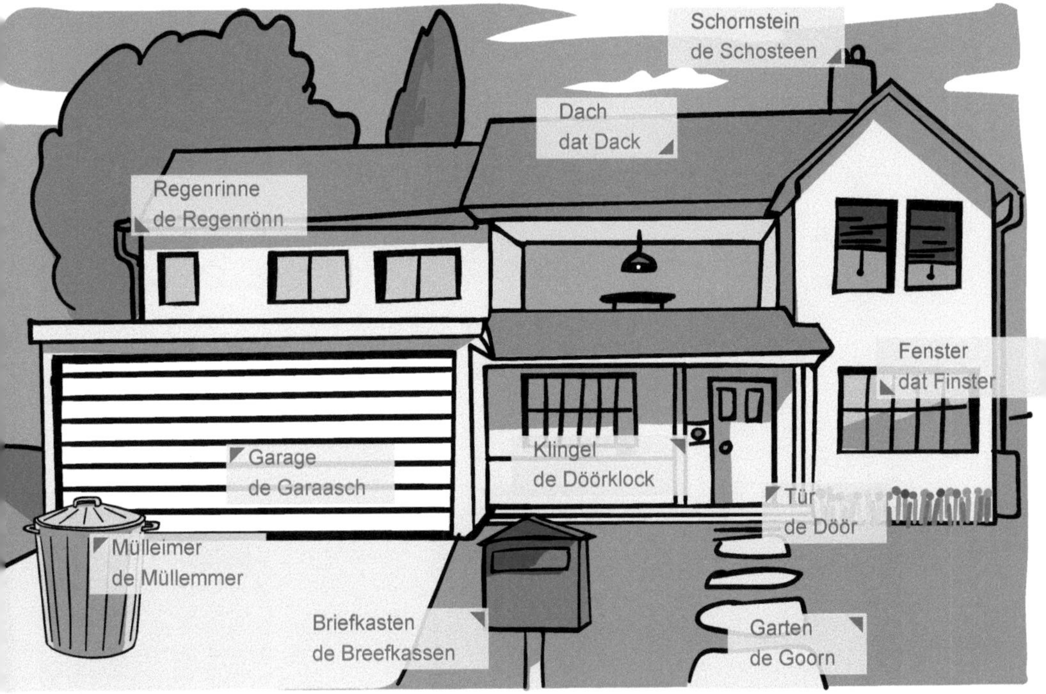

Schornstein
de Schosteen
Dach
dat Dack
Regenrinne
de Regenrönn
Fenster
dat Finster
Klingel
de Döörklock
Garage
de Garaasch
Tür
de Döör
Mülleimer
de Müllemmer
Briefkasten
de Breefkassen
Garten
de Goorn

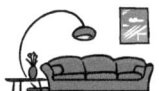

Wohnzimmer
de Wahnstuuv

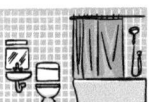

Badezimmer
de Baadstuuv

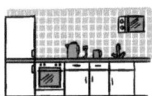

Küche
de Köök

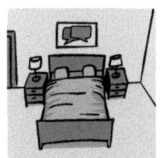

Schlafzimmer
de Slaapstuuv

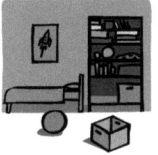

Kinderzimmer
de Kinnerstuuv

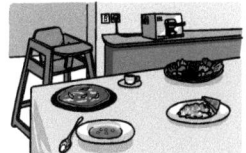

Esszimmer
de Eetstuuv

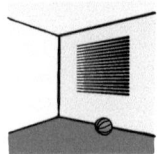

Boden

de Footbodden

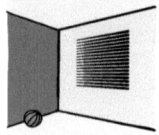

Wand

de Wand

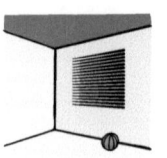

Decke

de Deek

Keller

de Keller

Sauna

dat Hittluftbad

Balkon

de Balkon

Terrasse

de Terrass

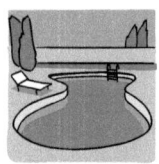

Schwimmbad

dat Swümmbad

Rasenmäher

de Rasenmeiher

Bettbezug

de Bettbetog

Bettdecke

de Bettdeek

Bett

de Puuch

Besen

de Bessen

Eimer

de Emmer

Schalter

de Schalter

Wohnzimmer
de Wahnstuuv

Tapete
de Tapeet
Bild
dat Bild
Lampe
de Lamp
Regal
dat Regal
Schrank
dat Schapp
Fernseher
de Kiekkassen
Kamin
de Kamin
Blume
de Bloom
Kissen
dat Küssen
Sofa
dat Sofa
Vase
de Vaas
Fernbedienung
de Feernbedenen

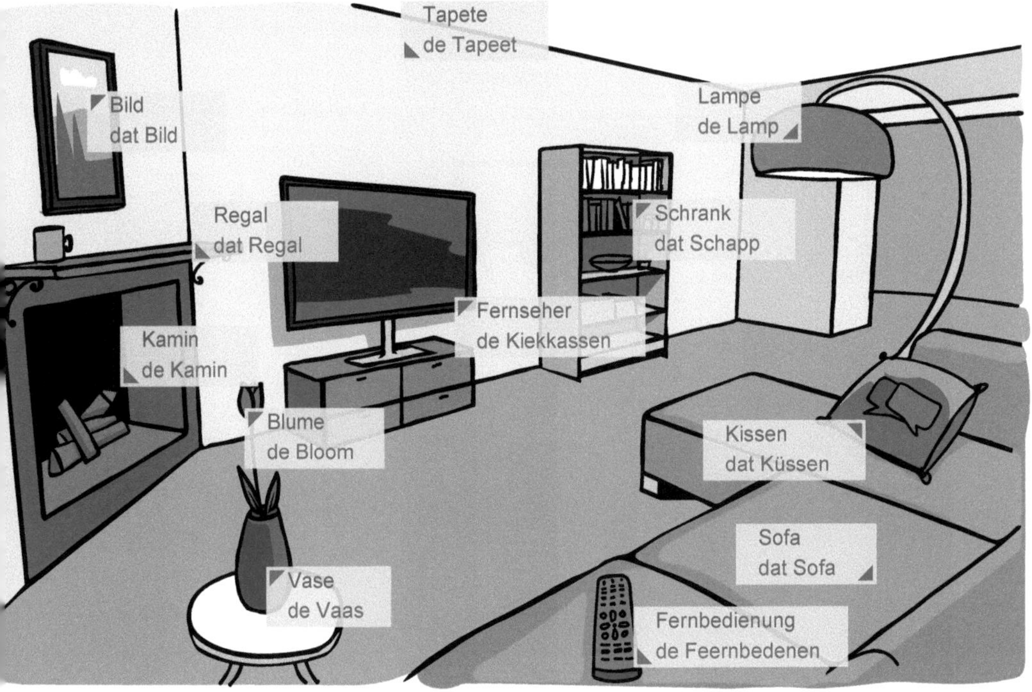

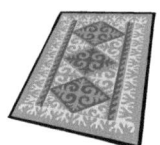

Teppich

de Teppich

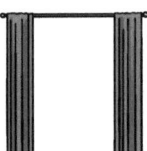

Vorhang

de Vörhang

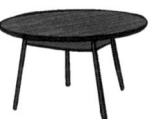

Tisch

de Disch

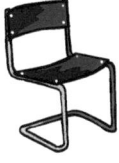

Stuhl

de Stohl

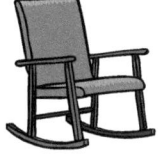

Schaukelstuhl

de Schuckelstohl

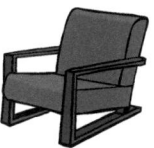

Sessel

de Sessel

Buch

dat Book

Decke

de Deek

Dekoration

de Dekoratschoon

Feuerholz

dat Füerholt

Film

de Film

Stereoanlage

de Stereoanlaag

Schlüssel

de Slötel

Zeitung

dat Narichtenblatt

Gemälde

dat Gemälde

Poster

dat Poster

Radio

dat Radio

Notizblock

de Opschrievblock

Staubsauger

de Huulbessen

Kaktus

de Kaktus

Kerze

de Kars

Küche
de Köök

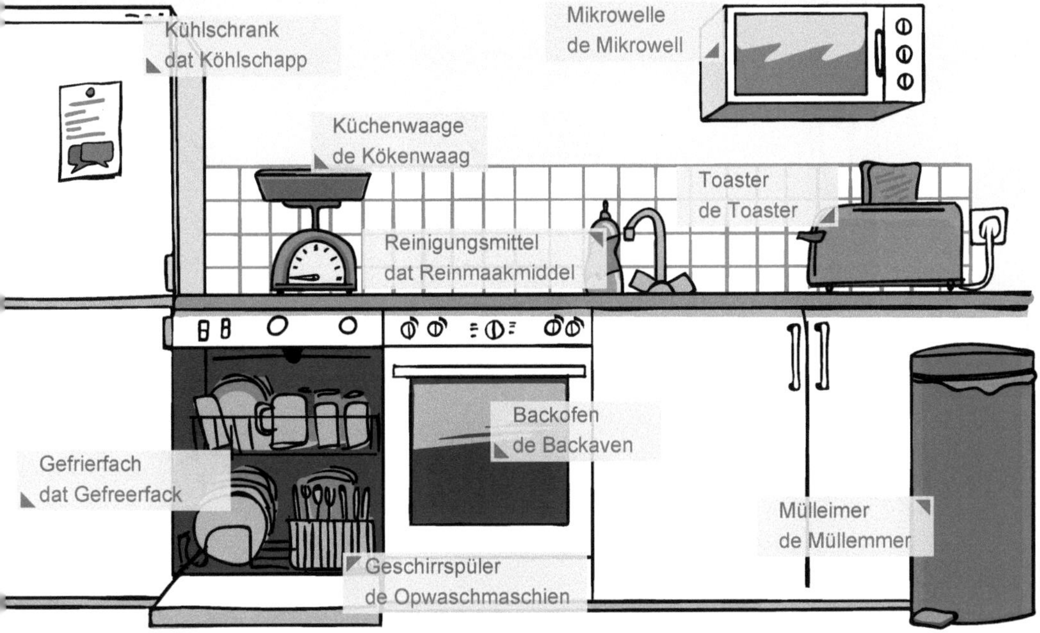

Kühlschrank
dat Köhlschapp
Mikrowelle
de Mikrowell
Küchenwaage
de Kökenwaag
Toaster
de Toaster
Reinigungsmittel
dat Reinmaakmiddel
Backofen
de Backaven
Gefrierfach
dat Gefreerfack
Mülleimer
de Müllemmer
Geschirrspüler
de Opwaschmaschien

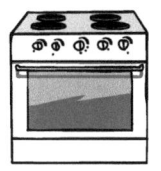

Herd

de Heerd

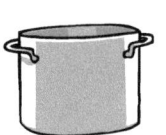

Topf

de Pott

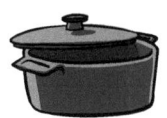

Eisentopf

de Gussiesern Putt

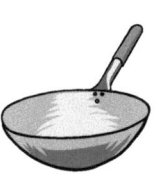

Wok / Kadai

de Wok / Kadai

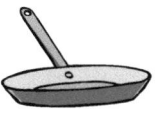

Pfanne

de Pann

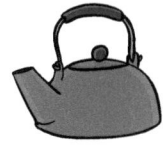

Wasserkocher

de Waterkaker

Dampfgarer

de Dampkaakputt

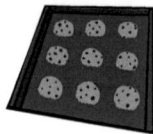

Backblech

dat Backblick

Geschirr

dat Geschirr

Becher

de Beker

Schale

de Schaal

Essstäbchen

de Eetsticken

Suppenkelle

de Suppenkell

Pfannenwender

de Pannenwenner

Schneebesen

de Sneebessen

Kochsieb

dat Kaakseef

Sieb

dat Seef

Reibe

de Riev

Mörser

de Mörser

Grill

de Grill

Feuerstelle

de Füerstell

Schneidebrett

dat Sniedbrett

Nudelholz

dat Nudelholt

Korkenzieher

de Proppentrecker

Dose

de Doos

Dosenöffner

de Dosenaapner

Topflappen

de Pottlappen

Waschbecken

dat Waschbecken

Bürste

de Böst

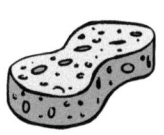

Schwamm

de Swamm

Mixer

de Mixer

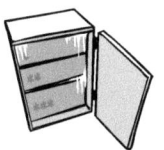

Gefriertruhe

dat Iesschapp

Babyflasche

de Nuckelbuddel

Wasserhahn

de Waterhahn

Badezimmer
de Baadstuuv

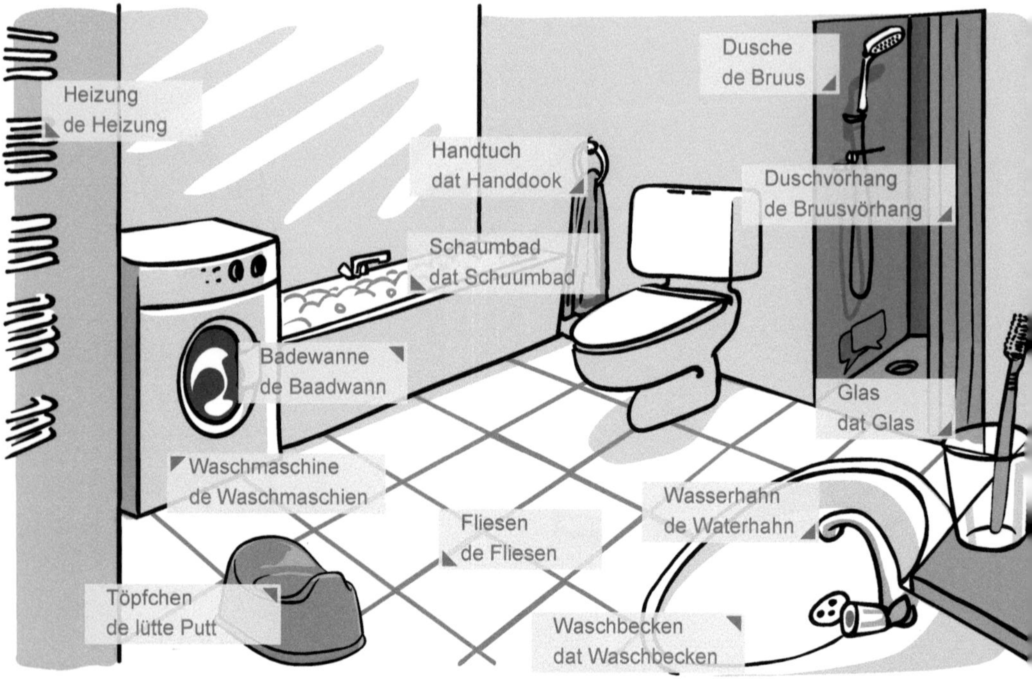

Dusche
de Bruus
Heizung
de Heizung
Handtuch
dat Handdook
Duschvorhang
de Bruusvörhang
Schaumbad
dat Schuumbad
Badewanne
de Baadwann
Glas
dat Glas
Waschmaschine
de Waschmaschien
Wasserhahn
de Waterhahn
Fliesen
de Fliesen
Töpfchen
de lütte Putt
Waschbecken
dat Waschbecken

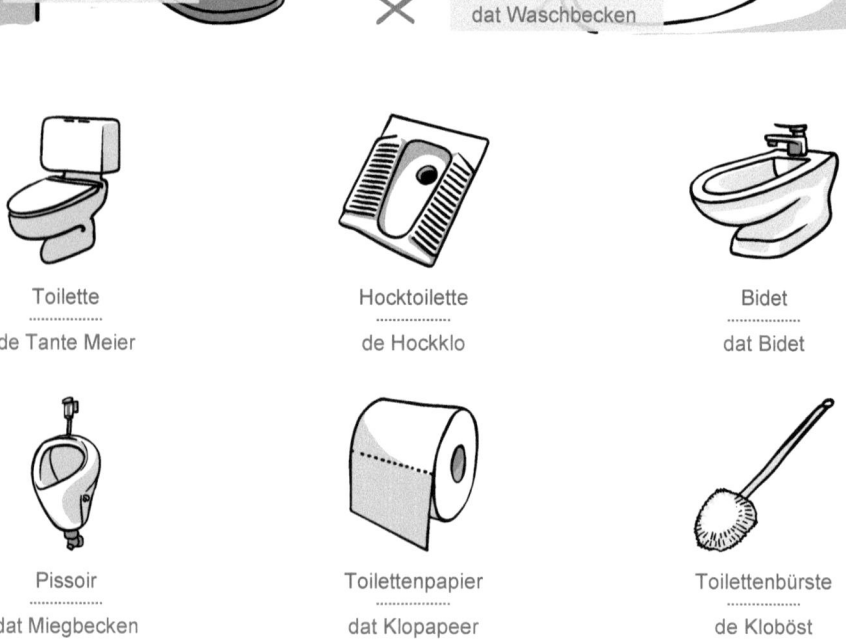

Toilette

de Tante Meier

Hocktoilette

de Hockklo

Bidet

dat Bidet

Pissoir

dat Miegbecken

Toilettenpapier

dat Klopapeer

Toilettenbürste

de Kloböst

Zahnbürste

de Tähnböst

Zahnpasta

de Tähnpast

Zahnseide

de Tähnsied

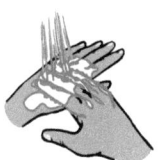

waschen

waschen

Handbrause

de Handbruus

Intimdusche

de Intimbruus

Waschschüssel

de Waschschöttel

Rückenbürste

de Rüchböst

Seife

de Seep

Duschgel

dat Bruusgeel

Shampoo

dat Hoorwaschmiddel

Waschlappen

de Waschlappen

Abfluss

de Afloop

Creme

de Creme

Deodorant

dat Deodorant

Spiegel

de Spegel

Kosmetikspiegel

de Kosmetikspegel

Rasierer

de Raserer

Rasierschaum

de Raseerschuum

Rasierwasser

dat Raseerwater

Kamm

de Kamm

Bürste

de Böst

Föhn

de Hoordröger

Haarspray

dat Hoorspray

Makeup

de Smink

Lippenstift

de Lippensticken

Nagellack

de Nagellack

Watte

de Watt

Nagelschere

de Nagelscheer

Parfum

dat Rüükwater

Kulturbeutel

de Kulturbüdel

Hocker

de Schemel

Waage

de Waag

Bademantel

de Baadmantel

Gummihandschuhe

de Gummihanschen

Tampon

de Tampon

Damenbinde

de Damenbinn

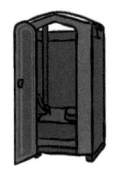

Chemietoilette

dat Chemieklo

Kinderzimmer
de Kinnerstuuv

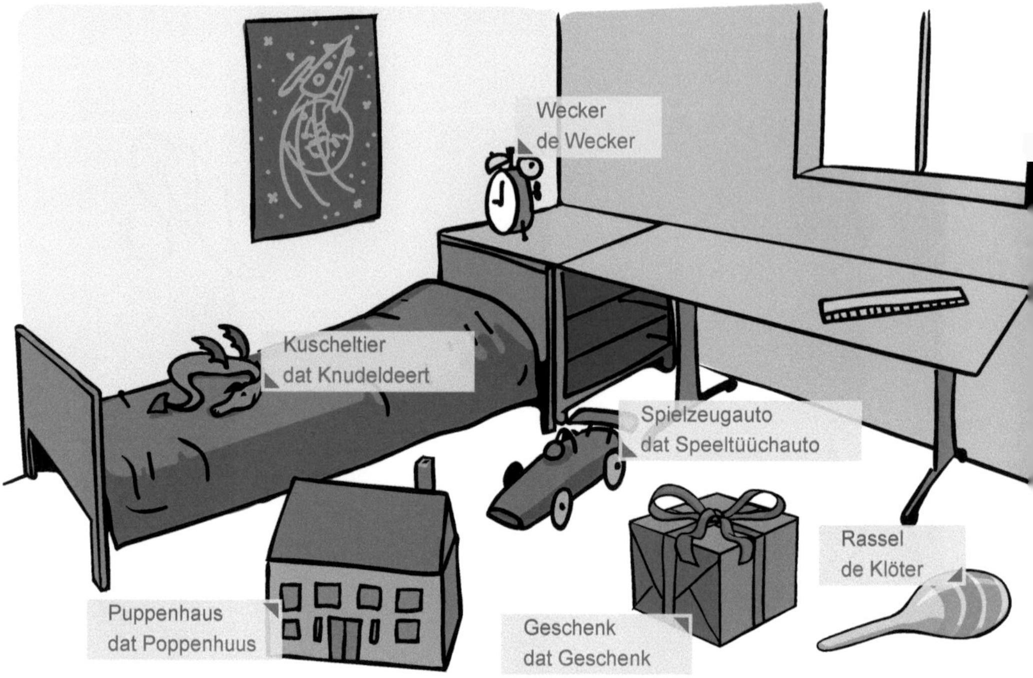

Wecker
de Wecker
Kuscheltier
dat Knudeldeert
Spielzeugauto
dat Speeltüüchauto
Rassel
de Klöter
Puppenhaus
dat Poppenhuus
Geschenk
dat Geschenk

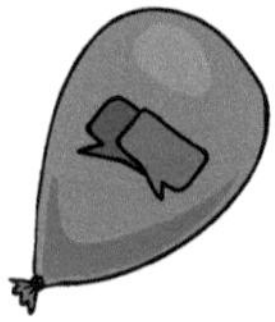

Ballon

de Luftballon

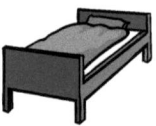

Bett

de Puuch

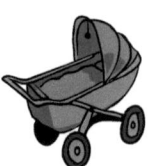

Kinderwagen

de Kinnerwagen

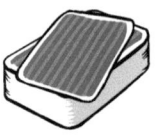

Kartenspiel

dat Koortenspeel

Puzzle

dat Puzzle

SUPER MEGA

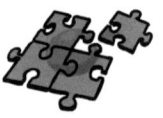

Comic

de Billergeschicht

Legosteine

de Legostenen

Bausteine

de Bustenen

Action Figur

de Action-Figur

Strampelanzug

de Strampelantog

Frisbee

de Frisbeeschiev

Mobile

dat Mobile

Brettspiel

dat Brettspeel

Würfel

de Wörpel

Modelleisenbahn

de Modelliesenbahn

Schnuller

de Snuller

Party

de Party

Bilderbuch

dat Billerbook

Ball

de Ball

Puppe

de Popp

spielen

spelen

Sandkasten
de Sandkassen

Schaukel
de Schuckel

Spielzeug
dat Speeltüüch

Spielkonsole
de Speelkonsool

Dreirad
dat Dreerad

Teddy
de Teddyboor

Kleiderschrank
dat Klederschapp

Kleidung
dat Tüüch

Socken
de Socken

Strümpfe
de Strümp

Strumpfhose
de Strumpbüx

Schal
dat Halsdook

Regenschirm
de Paraplü

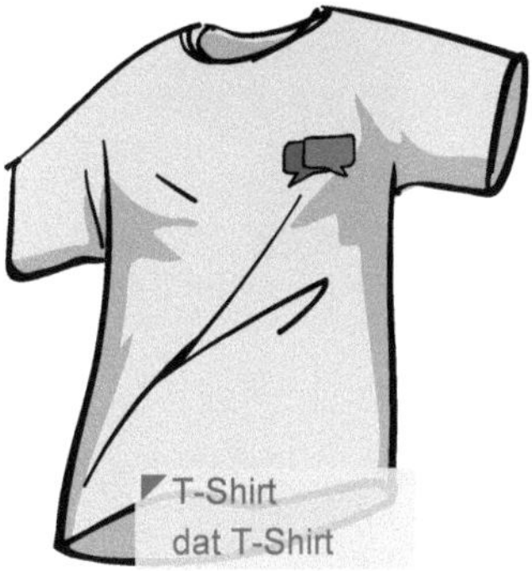

T-Shirt
dat T-Shirt

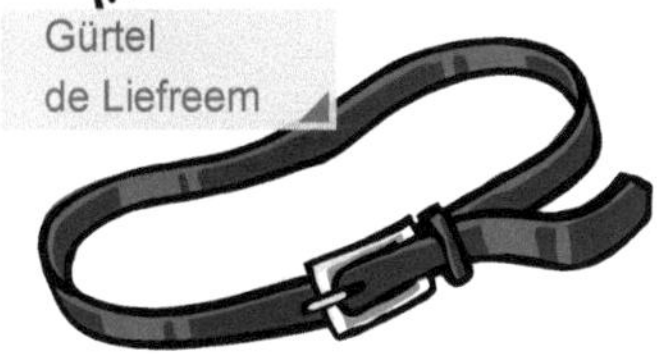

Gürtel
de Liefreem

Turnschuhe
de Turnschoh

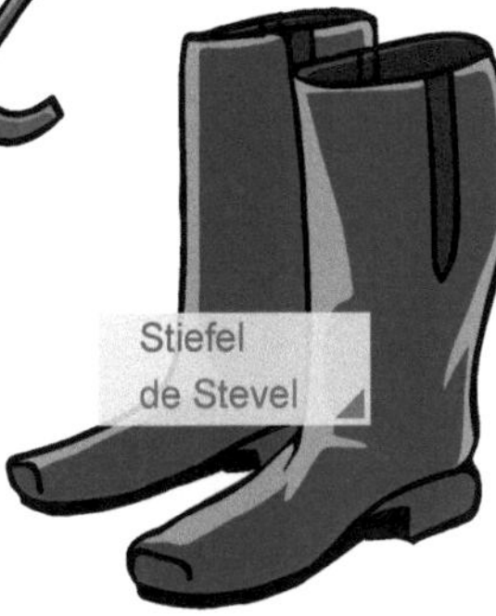

Stiefel
de Stevel

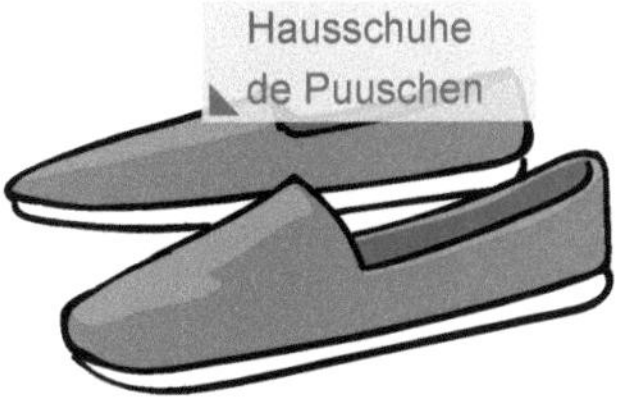

Hausschuhe
de Puuschen

Sandalen
de Sandalen

Schuhe
de Schoh

Gummistiefel
de Gummistevel

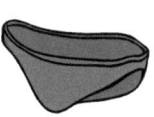

Unterhose
de Ünnerbüx

Büstenhalter
de Bostholler

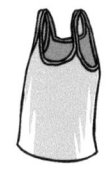

Unterhemd
dat Ünnerhemd

Body
....
de Lief

Hose
....
de Büx

Jeans
....
de Jeansnüx

Rock
....
de Rock

Bluse
....
de Bluus

Hemd
....
dat Hemd

Pullover
....
de Pullover

Kapuzenpullover
....
de Kapuzenpullover

Blazer
....
de Blazer

Jacke
....
de Jack

Mantel
....
de Mantel

Regenmantel
....
de Övertrecker

Kostüm
....
dat Kostüm

Kleid
....
dat Kleed

Hochzeitskleid
....
dat Hochtietskleed

Anzug
de Antog

Nachthemd
dat Nachtkleed

Schlafanzug
de Slaapantog

Sari
de Sari

Kopftuch
dat Koppdook

Turban
de Turban

Burka
de Burka

Kaftan
de Kaftan

Abaya
de Abaya

Badeanzug
de Baadantog

Badehose
de Baadbüx

Kurze Hose
de Korte Büx

Trainingsanzug
de Antog to'n Öven

Schürze
de Schört

Handschuhe
de Handschoh

Knopf

de Knopp

Brille

de Brill

Armband

dat Armband

Halskette

de Halskeed

Ring

de Ring

Ohrring

de Ohrbummel

Mütze

de Mütz

Kleiderbügel

de Klederbögel

Hut

de Hoot

Krawatte

de Binner

Reißverschluss

de Rietslüter

Helm

de Helm

Hosenträger

dat Drachtband

Schuluniform

de Schooluniform

Uniform

de Uniform

Lätzchen
de Severböten

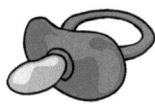

Schnuller
de Snuller

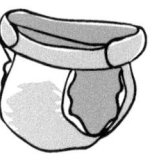

Windel
de Winnel

Büro
dat Büro

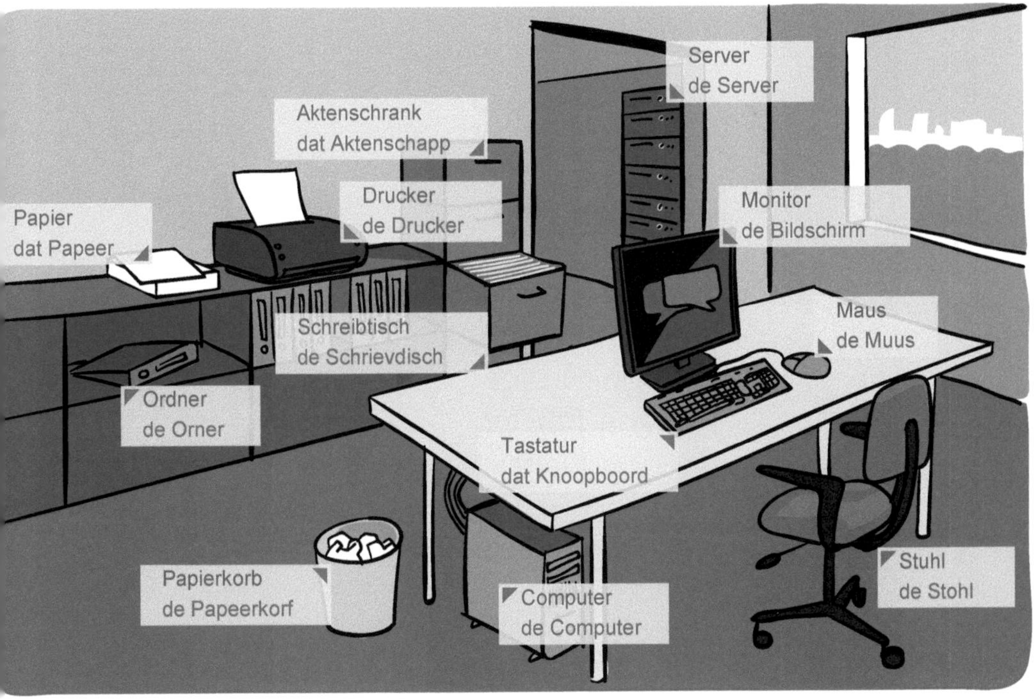

Server
de Server

Aktenschrank
dat Aktenschapp

Drucker
de Drucker

Monitor
de Bildschirm

Papier
dat Papeer

Schreibtisch
de Schrievdisch

Maus
de Muus

Ordner
de Orner

Tastatur
dat Knoopboord

Papierkorb
de Papeerkorf

Computer
de Computer

Stuhl
de Stohl

Kaffeebecher
de Koffiebeker

Taschenrechner
de Taschenreekner

Internet
dat Internet

Laptop

de Klappreekner

Brief

de Breef

Nachricht

de Naricht

Handy

de Ackersnacker

Netzwerk

dat Nettwark

Kopierer

de Kopeerapparat

Software

de Software

Telefon

de Klöönkassen

Steckdose

de Steekdoos

Fax

de Faxapparat

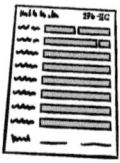

Formular

dat Formulor

Dokument

dat Dokument

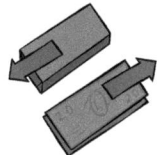

kaufen

köpen

bezahlen

betahlen

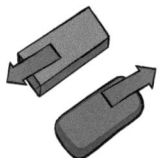

handeln

hanneln

Geld

dat Geld

Dollar

de Dollar

Euro

de Euro

JPY

Yen

de Yen

RUB

Rubel

de Ruvel

CHF

Franken

de Swiezer Franken

CNY

Renminbi Yuan

de Renminbi Yuan

INR

Rupie

de Rupie

Geldautomat

de Geldautomat

Wechselstube

de Wesselstuuv

Gold

dat Gold

Silber

dat Sülver

Öl

dat Ööl

Energie

de Energie

Preis

de Pries

Vertrag

de Verdrag

Steuer

de Stüer

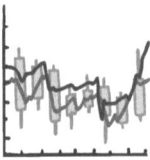

Aktie

de Andeelschien

arbeiten

arbeiden

Angestellter

de Anstellte

Arbeitgeber

de Arbeitgever

Fabrik

de Fabrik

Geschäft

de Hökerie

Berufe
de Profeschonen

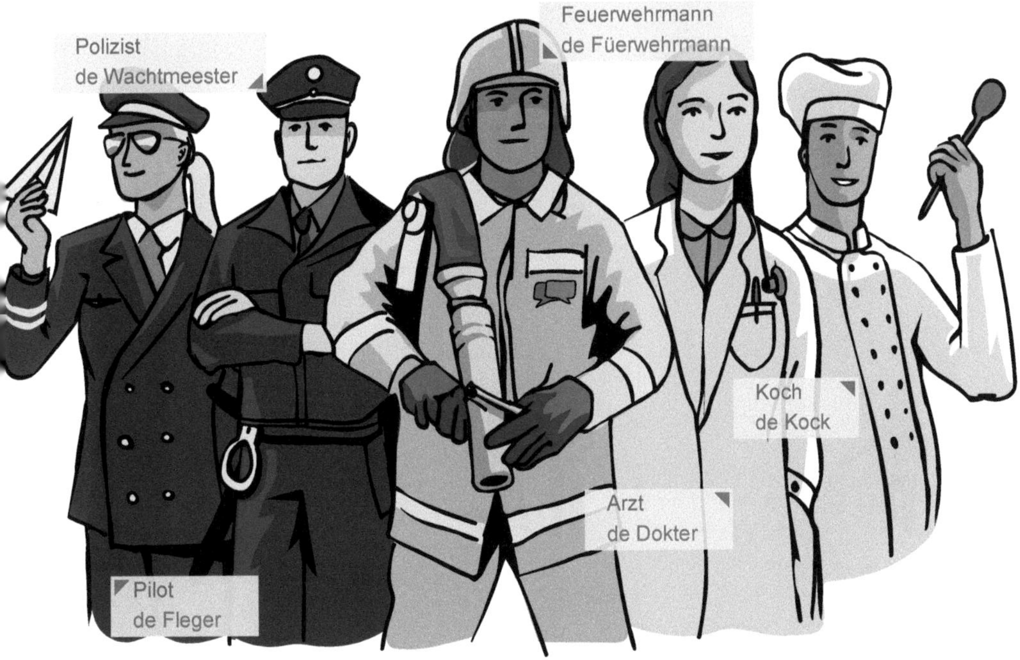
Polizist
de Wachtmeester
Feuerwehrmann
de Füerwehrmann
Koch
de Kock
Arzt
de Dokter
Pilot
de Fleger

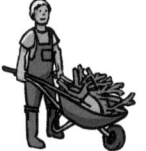

Gärtner

de Goorner

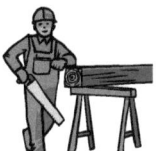

Tischler

de Discher

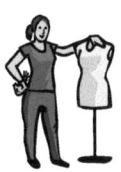

Näherin

de Neihersche

Richter

de Richter

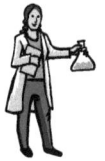

Chemiker

de Chemiker

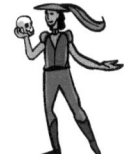

Schauspieler

de Schauspeler

Busfahrer

de Busfohrer

Taxifahrer

de Taxifohrer

Fischer

de Fischer

Putzfrau

de Reinmaakfru

Dachdecker

de Dackdecker

Kellner

de Kellner

Jäger

de Jäger

Maler

de Maler

Bäcker

de Bäcker

Elektriker

de Elektriker

Bauarbeiter

de Buarbeider

Ingenieur

de Ingenieur

Schlachter

de Slachter

Klempner

de Klempner

Postbote

de Postbüdel

Soldat

de Suldat

Architekt

de Architekt

Kassierer

de Kasserer

Florist

de Florist

Friseur

de Putzbüdel

Schaffner

de Schaffner

Mechaniker

de Mechaniker

Kapitän

de Kaptein

Zahnarzt

de Tähndokter

Wissenschaftler

de Wetenschopler

Rabbi

de Rabbi

Imam

de Imam

Mönch

de Mönk

Geistlicher

de Paap

Werkzeuge
dat Warktüüch

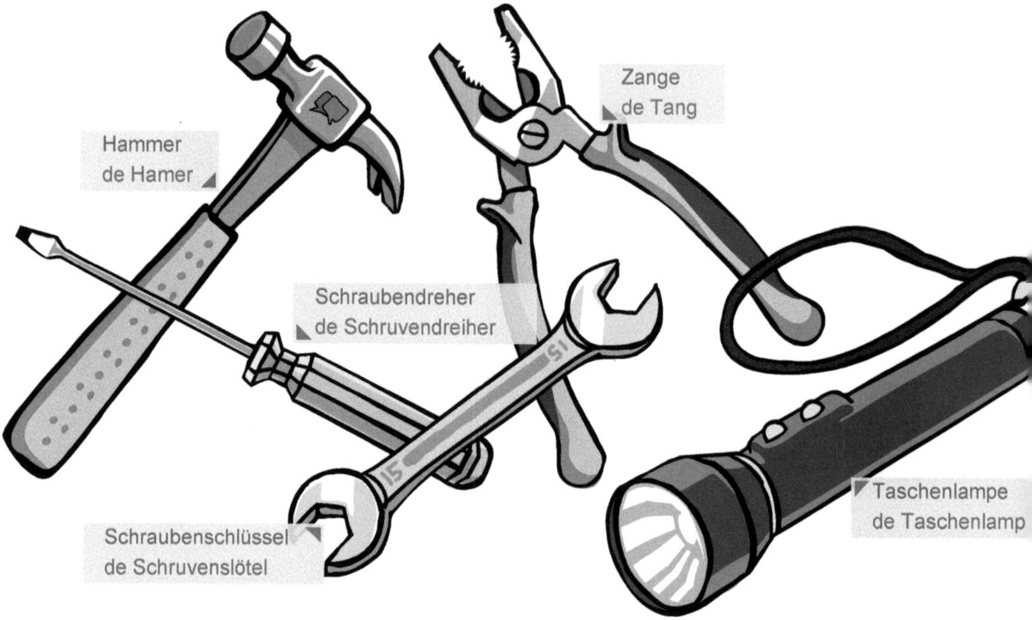
Hammer
de Hamer
Zange
de Tang
Schraubendreher
de Schruvendreiher
Schraubenschlüssel
de Schruvenslötel
Taschenlampe
de Taschenlamp

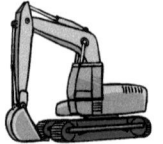

Bagger

de Grieper

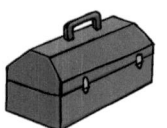

Werkzeugkasten

de Warktüüchkassen

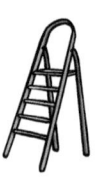

Leiter

de Ledder

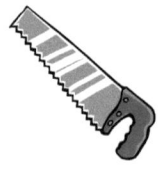

Säge

de Saag

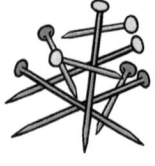

Nägel

de Nagels

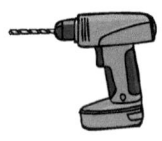

Bohrer

de Bohrer

reparieren

heelmaken

Schaufel

de Schüffel

Mist!

Schiet!

Kehrblech

dat Kehrblick

Farbtopf

de Farvpott

Schrauben

de Schruven

Musikinstrumente
de Musikinstrumenten

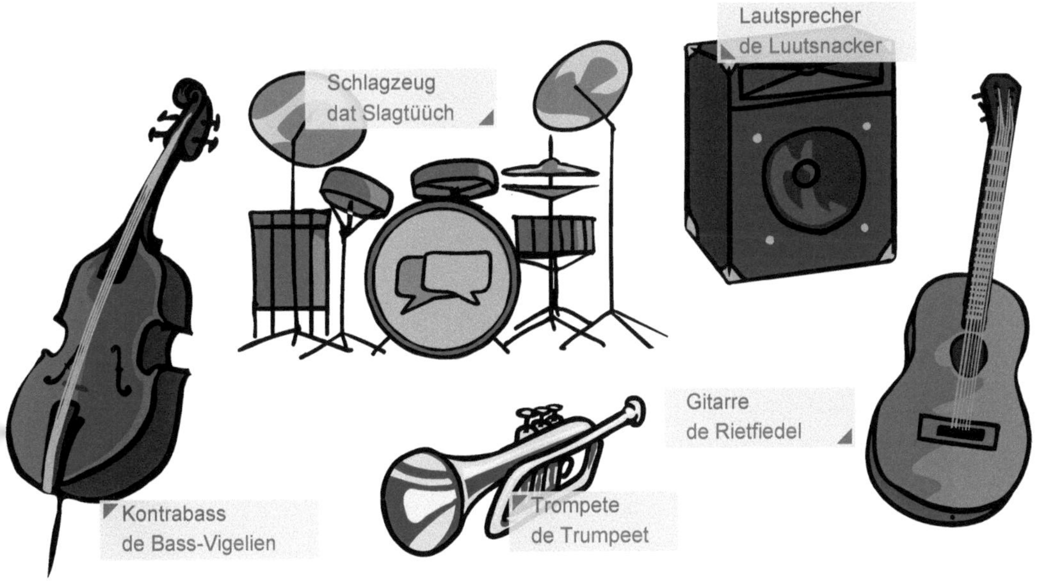

Lautsprecher
de Luutsnacker

Schlagzeug
dat Slagtüüch

Gitarre
de Rietfiedel

Kontrabass
de Bass-Vigelien

Trompete
de Trumpeet

Klavier

dat Klaveer

Violine

de Vigelien

Bass

de Bass

Pauke

de Pauk

Trommeln

de Trummeln

Keyboard

dat Keyboard

Saxophon

dat Saxophon

Flöte

de Fleut

Mikrofon

dat Mikrofoon

de Deertenpark

Eingang
de Ingang

Tiger
de Tiger

Käfig
de Käfig

Zebra
dat Zebra

Tierfutter
dat Deertenfoder

Panda
de Panda-Boor

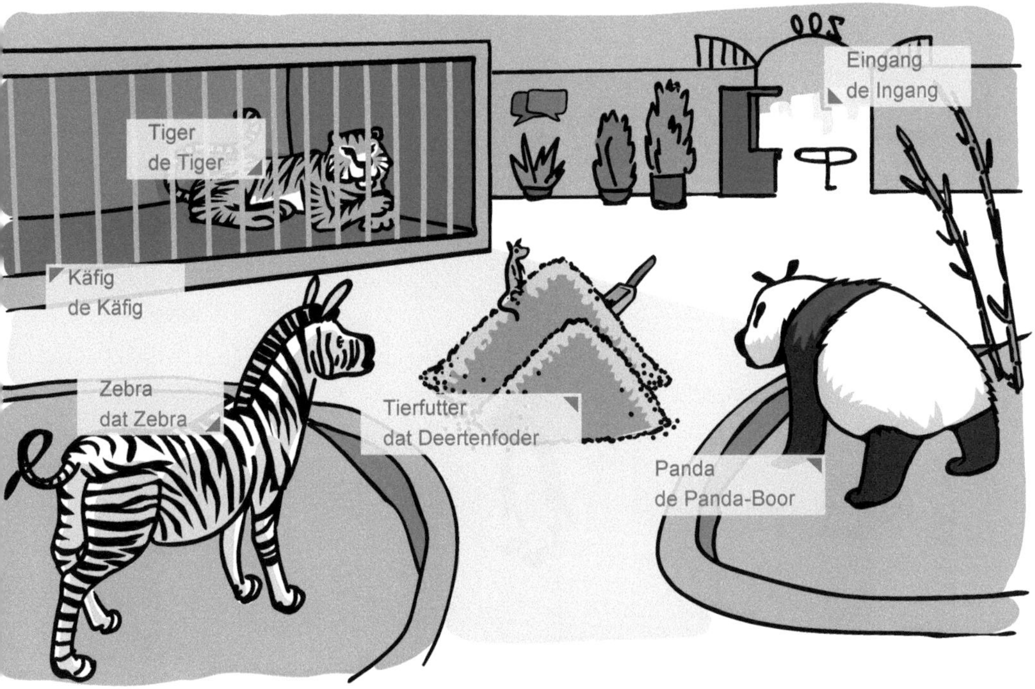

Tiere

de Deerten

Elefant

de Elefant

Känguru

dat Känguru

Nashorn

dat Neeshoorn

Gorilla

de Gorilla

Bär

de Boor

Kamel

dat Kameel

Strauß

de Struuß

Löwe

de Lööv

Affe

de Aap

Flamingo

de Flamingo

Papagei

de Papagoi

Eisbär

de Iesboor

Pinguin

de Pinguin

Hai

de Haifisch

Pfau

de Pageluun

Schlange

de Slang

Krokodil

dat Krokodil

Zoowärter

de Oppasser in'n
Deertenpark

Robbe

de Saalhund

Jaguar

de Jaguor

Pony

dat Pony

Leopard

de Leopard

Nilpferd

dat Nilpeerd

Giraffe

de Giraff

Adler

de Aadler

Wildschwein

dat Wildswien

Fisch

de Fisch

Schildkröte

de Schildkrööt

Walross

dat Walross

Fuchs

de Voss

Gazelle

de Gazell

American Football
de Amerikaansch Football

Radfahren
dat Radfohren

Tennis
dat Tennis

Basketball
de Korfball

Schwimmen
dat Swümmen

Boxen
dat Boxen

Eishockey
dat Ieshockey

Fußball
de Football

Badminton
dat Fedderball

Leichtathletik
de Leichtathletik

Handball
de Handball

Skilaufen
dat Skilopen

Polo
dat Polo

Aktivitäten
de Aktivitäten

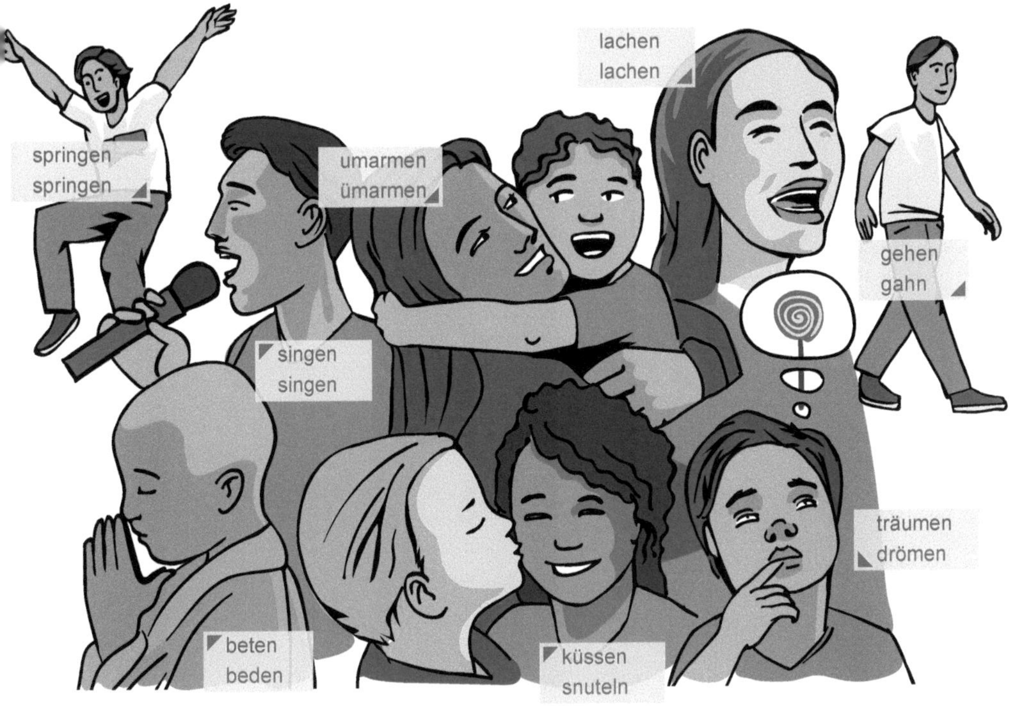
lachen
lachen
springen
springen
umarmen
ümarmen
gehen
gahn
singen
singen
träumen
drömen
beten
beden
küssen
snuteln

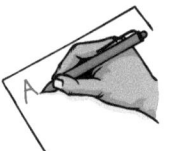

schreiben
schrieven

zeichnen
teken

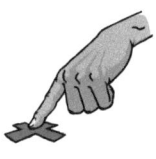

zeigen
wiesen

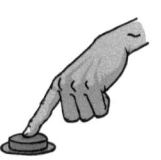

drücken
drücken

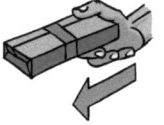

geben
geven

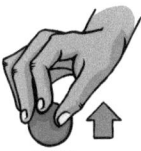

nehmen
nehmen

haben
hebben

tun
doon

sein
sien

stehen
stahn

laufen
lopen

ziehen
trecken

werfen
smieten

fallen
fallen

liegen
liggen

warten
töven

tragen
dregen

sitzen
sitten

anziehen
antrecken

schlafen
slapen

aufwachen
opwaken

ansehen

ankieken

weinen

wenen

streicheln

eien

kämmen

kämmen

reden

snacken

verstehen

verstahn

fragen

fragen

hören

hören

trinken

drinken

essen

eten

aufräumen

oprümen

lieben

leefhebben

kochen

kaken

fahren

fohren

fliegen

flegen

segeln

segeln

rechnen

reken

lesen

lesen

lernen

lehren

arbeiten

arbeiden

heiraten

de Plünnen tohoopsmieten

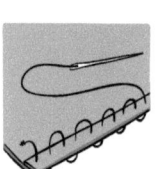

nähen

neihen

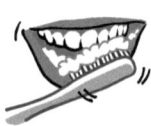

Zähne putzen

Tähnen putzen

töten

dootmaken

rauchen

smöken

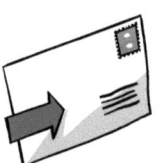

senden

schicken

Familie
de Familje

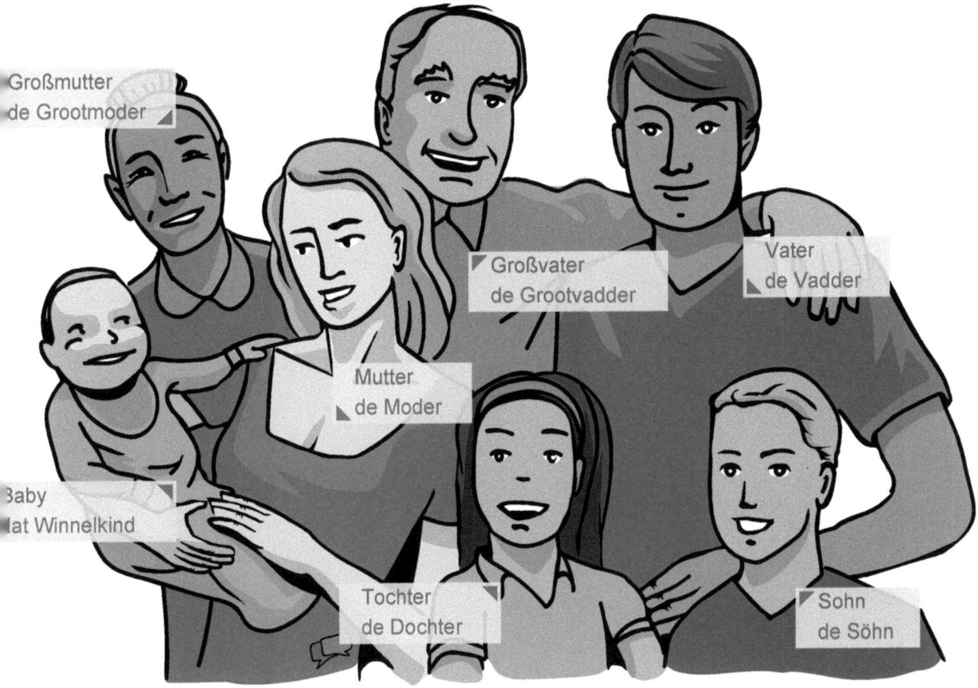

Großmutter
de Grootmoder
Großvater
de Grootvadder
Vater
de Vadder
Mutter
de Moder
Baby
dat Winnelkind
Tochter
de Dochter
Sohn
de Söhn

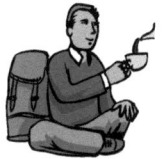

Gast
de Gast

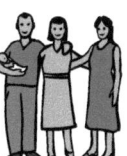

Tante
de Tant

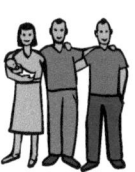

Onkel
de Unkel

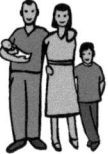

Bruder
de Broder

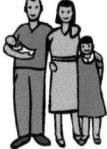

Schwester
de Süster

Körper

de Lief

Stirn
de Vörkopp
Auge
dat Oog
Schulter
de Schuller
Finger
de Finger
Gesicht
dat Gesicht
Kinn
dat Kinn
Hand
de Hand
Bein
dat Been
Brust
de Bost
Arm
de Arm

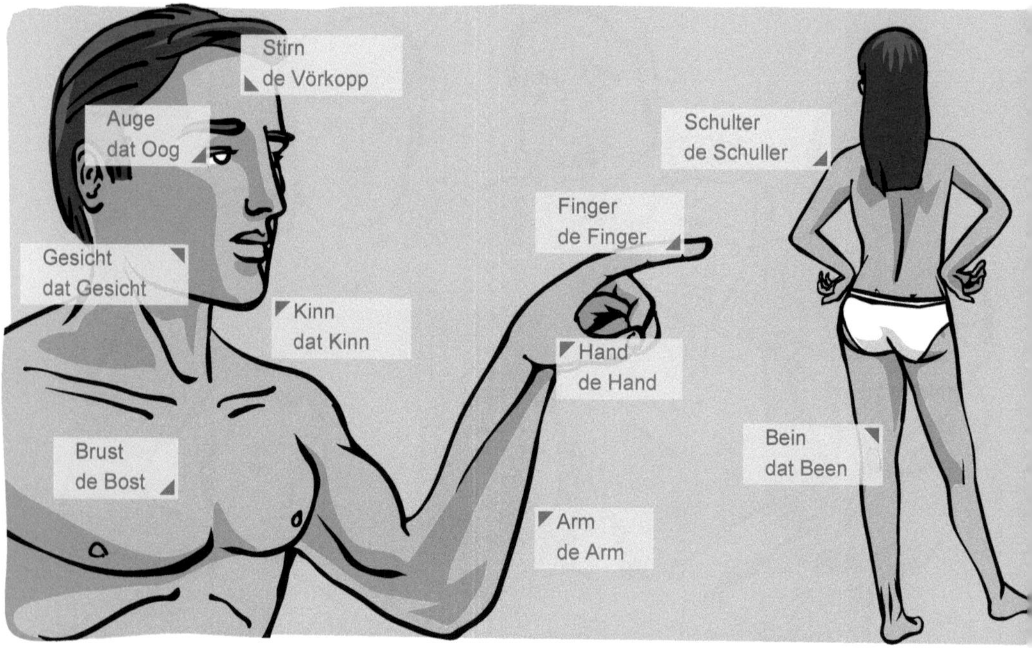

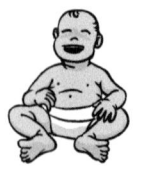

Baby

dat Winnelkind

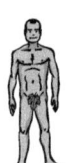

Mann

de Mann

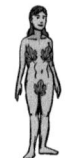

Frau

de Fro

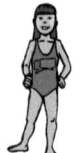

Mädchen

de Deern

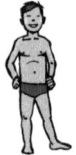

Junge

de Jung

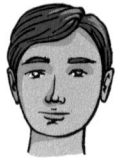

Kopf

de Arm

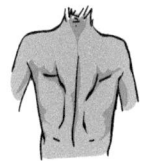

Rücken

de Rüch

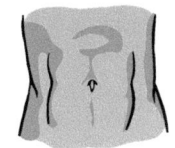

Bauch

de Buuk

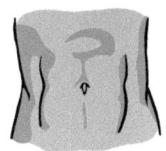

Nabel

de Navel

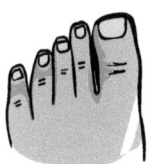

Zeh

de Teh

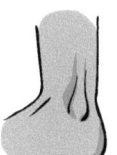

Ferse

de Hack

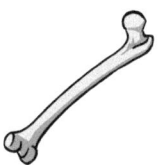

Knochen

de Knaken

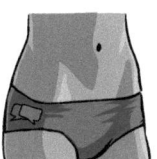

Hüfte

de Hüft

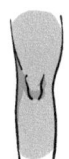

Knie

dat Knee

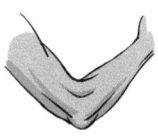

Ellenbogen

de Ellbagen

Nase

de Nees

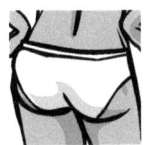

Gesäß

de Achtersen

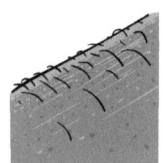

Haut

de Huut

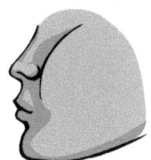

Wange

de Back

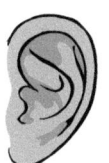

Ohr

dat Ohr

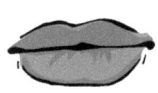

Lippe

de Lipp

Mund

de Mund

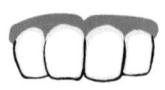

Zahn

de Tähn

Zunge

de Tung

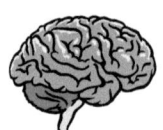

Gehirn

de Bregen

Herz

dat Hart

Muskel

de Muskel

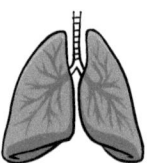

Lunge

de Lung

Leber

de Lever

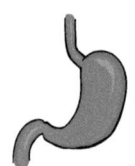

Magen

de Maag

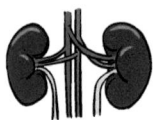

Nieren

de Neren

Geschlechtsverkehr

de Bislaap

Kondom

dat Kondoom

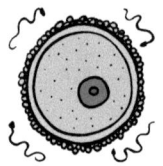

Eizelle

de Eizell

Sperma

dat Sperma

Schwangerschaft

de Anner Ümstänn

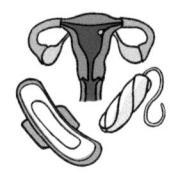

Menstruation
....
de Menstruatschoon

Vagina
....
de Scheed

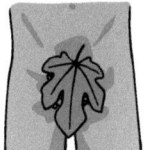

Penis
....
de Pint

Augenbraue
....
de Ogenbroe

Haar
....
dat Hoor

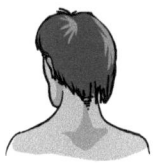

Hals
....
de Hals

Krankenhaus
dat Krankenhuus

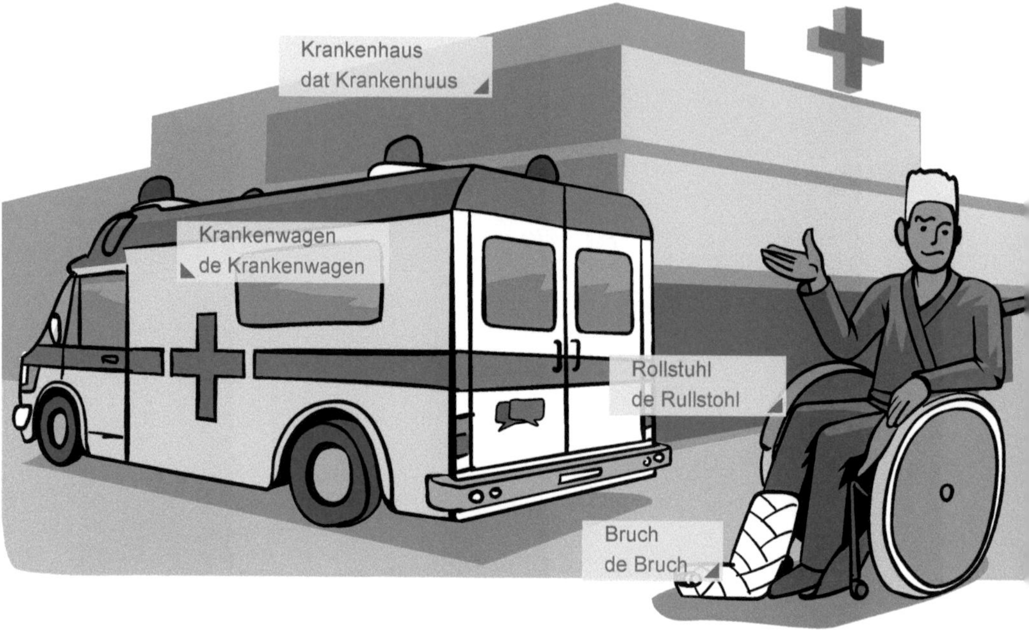

Krankenhaus
dat Krankenhuus
Krankenwagen
de Krankenwagen
Rollstuhl
de Rullstohl
Bruch
de Bruch

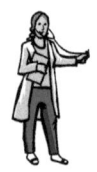

Arzt

de Dokter

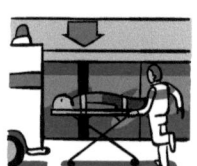

Notaufnahme

de Nootopnahm

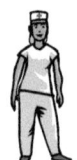

Krankenschwester

de Krankensüster

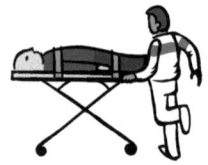

Notfall

de Nootfall

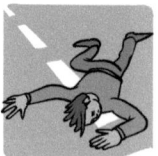

ohnmächtig

ahnmächtig

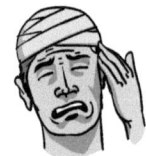

Schmerz

de Wehdaag

Verletzung

de Verwunnen

Blutung

de Blöden

Herzinfarkt

de Hartinfarkt

Schlaganfall

de Slaganfall

Allergie

de Allergie

Husten

de Hoosten

Fieber

dat Fever

Grippe

de Gripp

Durchfall

de Dörchfall

Kopfschmerzen

de Koppwehdaag

Krebs

de Kreeft

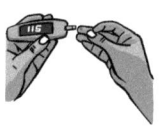

Diabetis

de Zuckersüük

Chirurg

de Chirurg

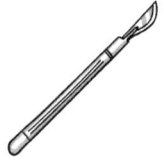

Skalpell

dat Chirurgsch Mess

Operation

de Operatschoon

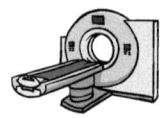

CT

dat CT

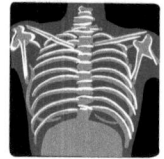

Röntgen

de Dörchlüchten

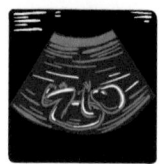

Ultraschall

de Ultraschall

Maske

de Mask

Krankheit

de Krankheit

Wartezimmer

de Töövruum

Krücke

de Krück

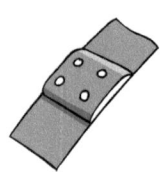

Pflaster

dat Plaaster

Verband

de Verband

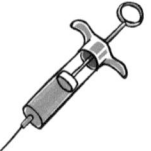

Injektion

de Insprütten

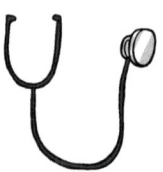

Stethoskop

dat Stethoskop

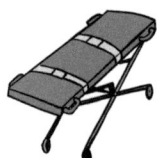

Trage

de Draag

Thermometer

dat Feverthermometer

Geburt

de Geboort

Übergewicht

dat Övergewicht

Hörgerät

de Höörapparat

Desinfektionsmittel

dat Kiemfriemiddel

Infektion

de Ansteken

Virus

de Virus

HIV / AIDS

dat HIV / AIDS

Medizin

dat Heelmiddel

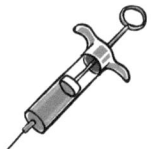

Impfung

de Impen

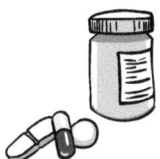

Tabletten

de Tabletten

Pille

de Pill

Notruf

de Nootroop

Blutdruck-Messgerät

de Blootdruck-Meter

krank / gesund

krank / gesund

Hilfe!

Hölp!

Alarm

de Alarm

Überfall

de Överfall

Angriff

de Angreep

Gefahr

de Gefohr

Notausgang

de Nootutgang

Feuer!

dat Füer!

Feuerlöscher

de Füerlöscher

Unfall

de Unfall

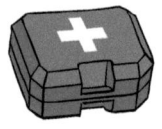

Erste-Hilfe-Koffer

de Noothölpkoffer

SOS

SOS

Polizei

de Polizei

Europa

Europa

Nordamerika

Noordamerika

Südamerika

Süüdamerika

Afrika

Afrika

Asien

Asien

Australien

Australien

Atlantik

de Atlantik

Pazifik

de Pazifik

Indischer Ozean

dat Indisch Weltmeer

Antarktischer Ozean

dat Antarktisch Weltmeer

Arktischer Ozean

dat Arktisch Weltmeer

Nordpol

de Noordpol

Südpol

de Süüdpol

Antarktis

de Antarktis

Erde

de Eerd

Land

dat Land

Meer

de See

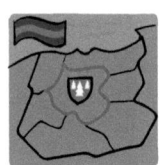

Insel

dat Eiland

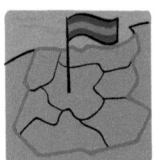

Nation

de Natschoon

Staat

de Staat

Zifferblatt

dat Tallenblatt

Stundenzeiger

de Stunnenwieser

Minutenzeiger

de Minutenwieser

Sekundenzeiger

de Sekunnenwieser

Wie spät ist es?

Wo laat is dat?

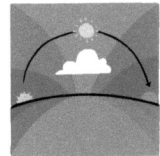

Tag

de Dag

Zeit

de Tiet

jetzt

nu

Digitaluhr

de digetaalsch Klock

Minute

de Minuut

Stunde

de Stunn

Woche
de Week

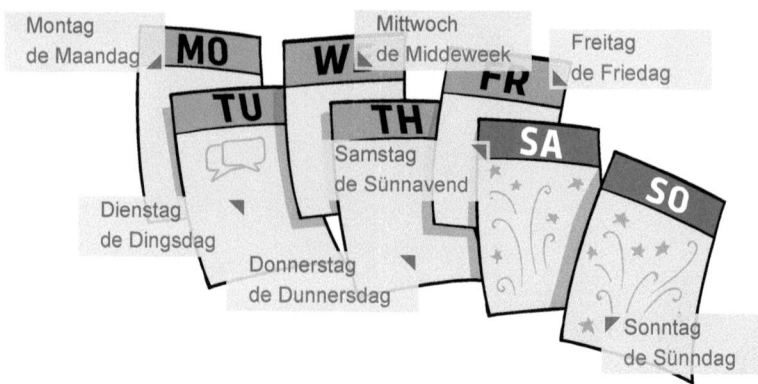

Montag
de Maandag

Mittwoch
de Middeweek

Freitag
de Friedag

Dienstag
de Dingsdag

Donnerstag
de Dunnersdag

Samstag
de Sünnavend

Sonntag
de Sünndag

gestern
güstern

heute
hüüt

morgen
morgen

Morgen
de Morgen

Mittag
de Meddag

Abend
de Avend

MO	TU	WE	TH	FR	SA	SU
1	2	3	4	5	6	7
8	9	10	11	12	13	14
15	16	17	18	19	20	21
22	23	24	25	26	27	28
29	30	31	1	2	3	4

Arbeitstage
de Arbeitsdaag

MO	TU	WE	TH	FR	SA	SU
1	2	3	4	5	6	7
8	9	10	11	12	13	14
15	16	17	18	19	20	21
22	23	24	25	26	27	28
29	30	31	1	2	3	4

Wochenende
dat Wekenenn

Jahr
dat Johr

Regen
de Regen
Regenbogen
de Regenbagen
Schnee
de Snee
Wind
de Wind
Frühling
dat Fröhjohr
Herbst
de Harvst
Sommer
de Sommer
Winter
de Winter

4.APRIL 11°
5.APRIL 4°
6.APRIL 13°
7.APRIL 8°
8.APRIL 10°

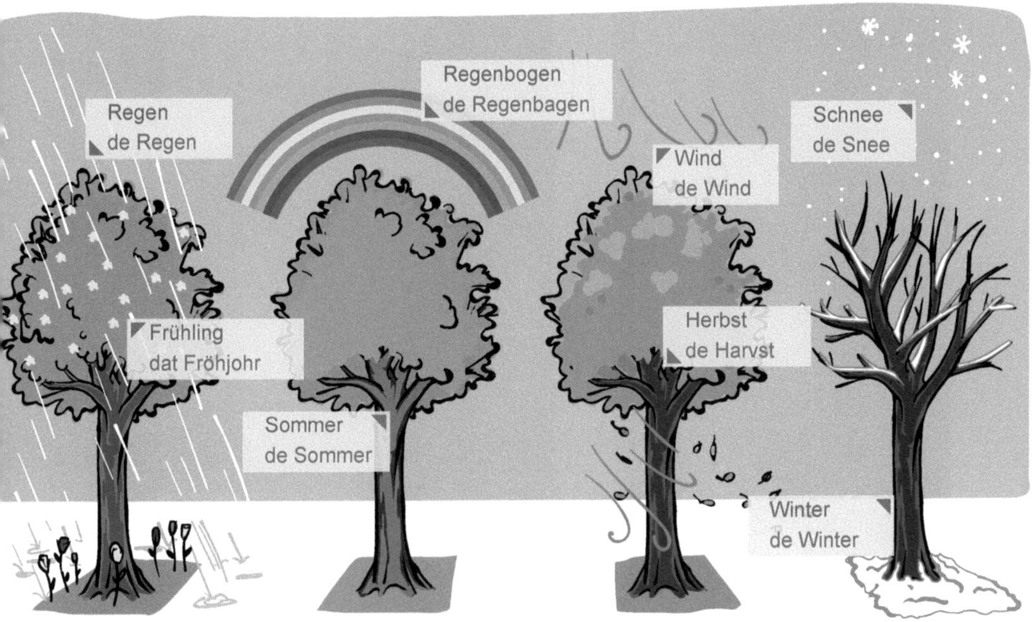

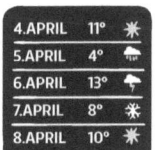

Wettervorhersage
....
de Wedervörhersaag

F C
120 40
90 30
60 20
30 10
0 0
-30 -10
-20

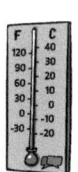

Thermometer
....
dat Thermometer

Sonnenschein
....
de Sünnenschien

Wolke
....
de Wulk

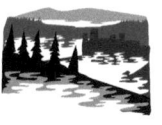

Nebel
....
de Nevel

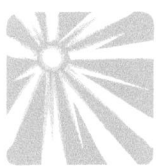

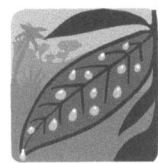

Luftfeuchtigkeit
....
de Luftfuchtigkeit

Blitz

de Blitz

Donner

de Dunner

Sturm

de Storm

Hagel

de Hagel

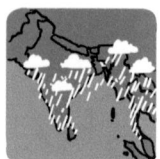

Monsun

de Monsun

Flut

de Floot

Eis

dat Ies

Januar

de Januormaand

Februar

de Februormaand

März

de Martmaand

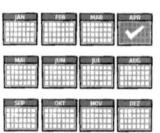

April

de Aprilmaand

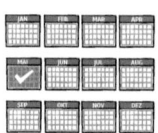

Mai

de Maimaand

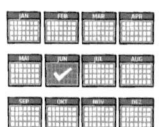

Juni

de Junimaand

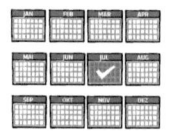

Juli

de Julimaand

August

de Augustmaand

September

de Septembermaand

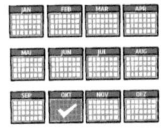

Oktober

de Oktobermaand

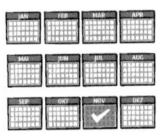

November

de Novembermaand

Dezember

de Dezembermaand

Formen
de Formen

Kreis

de Krink

Quadrat

dat Quadrat

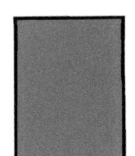

Rechteck

dat Rechteck

Dreieck

dat Dreeeck

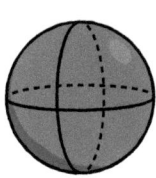

Kugel

de Kugel

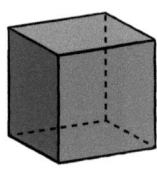

Würfel

de Wörpel

Farben
de Farven

weiß

witt

gelb

geel

orange

orangsch

pink

pink

rot

root

lila

lila

blau

blau

grün

gröön

braun

bruun

grau

gries

schwarz

swart

viel / wenig

veel / wenig

wütend / friedlich

böös / verdreeglich

hübsch / hässlich

smuck / mies

Anfang / Ende

de Begünn / dat Enn

groß / klein

groot / lütt

hell / dunkel

hell / düüster

Bruder / Schwester

de Broder / de Süster

sauber / schmutzig

schier / schietig

vollständig / unvollständig

kumpleet / nich kumpleet

Tag / Nacht

de Dag / de Nacht

tot / lebendig

doot / lebennig

breit / schmal

breet / small

genießbar / ungenießbar

geneetbor / nich geneetbor

böse / freundlich

böös / fründlich

aufgeregt / gelangweilt

fickerig / langwielt

dick / dünn

dick / dünn

zuerst / zuletzt

toeerst / toletzt

Freund / Feind

de Fründ / de Fiend

voll / leer

vull / leddig

hart / weich

hart / week

schwer / leicht

swoor / licht

Hunger / Durst

de Smacht / de Döst

krank / gesund

krank / gesund

illegal / legal

nich na't Recht / na't Recht

intelligent / dumm

klook / dummerhaftig

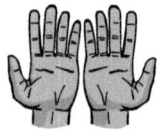

links / rechts

linkerhand / rechterhand

nah / fern

neeg / feern

neu / gebraucht
nieg / bruukt

nichts / etwas
nix / wat

alt / jung
oolt / jung

an / aus
an / ut

offen / geschlossen
apen / slaten

leise / laut
lies / luut

reich / arm
riek / arm

richtig / falsch
richtig / verkehrt

rau / glatt
ruug / glatt

traurig / glücklich
trurig / glücklich

kurz / lang
kort / lang

langsam / schnell
suutje / flink

nass / trocken
natt / dröög

warm / kühl
warm / köhl

Krieg / Frieden
de Krieg / de Freden

0	**1**	**2**
null	eins	zwei
null	een	twee

3	**4**	**5**
drei	vier	fünf
dree	veer	fief

6	**7**	**8**
sechs	sieben	acht
söss	söven	acht

9	**10**	**11**
neun	zehn	elf
negen	teihn	ölven

12
zwölf

twölf

13
dreizehn

dörteihn

14
vierzehn

veerteihn

15
fünfzehn

föffteihn

16
sechzehn

sössteihn

17
siebzehn

söventeihn

18
achtzehn

achtteihn

19
neunzehn

negenteihn

20
zwanzig

twintig

100
hundert

hunnert

1.000
tausend

dusend

1.000.000
million

million

Sprachen
de Spraken

Englisch

dat Engelsch

Amerikanisches Englisch

dat Amerikaansch Engelsch

Chinesisch Mandarin

dat Chineesch Mandarin

Hindi

dat Hindi

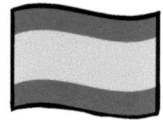

Spanisch

dat Spaansch

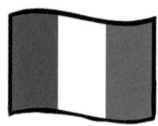

Französisch

dat Franzöösch

Arabisch

dat Araabsch

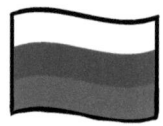

Russisch

dat Rusch

Portugiesisch

dat Portugiesch

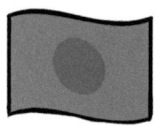

Bengalisch

dat Bengaalsch

Deutsch

dat Düütsch

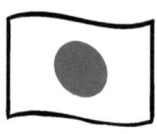

Japanisch

dat Japaansch

ich

ik

du

du

er / sie / es

he / se / dat

wir

wi

ihr

ji

sie

se

wer?

keen?

was?

wat?

wie?

woans?

wo?

woneem?

wann?

wannehr?

Name

de Naam

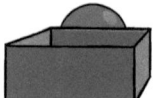

hinter
....
achter

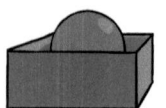

in
....
in

vor
....
vör

über
....
över

auf
....
op

unter
....
ünner

neben
....
blangen

zwischen
....
twüschen

Ort
....
de Oort